AF326471

ORDONNANCE DU ROI,

Concernant le régiment Grison de Salis.

Du 1.er Mars 1763.

DE PAR LE ROI.

SA MAJESTÉ jugeant néceſſaire, pour le bien de ſon ſervice, de faire quelques change-mens dans le régiment Griſon de Salis, pour le rapprocher de la compoſition des régimens de ſon Infanterie françoiſe; & voulant mettre ce régiment à portée de remplir, dans tous les points, l'objet d'utilité qu'Elle s'eſt propoſé dans l'inſtitution de ſes troupes Suiſſes & Griſonnes, en réglant ſon traitement d'une manière également avantageuſe aux Officiers & aux Soldats, Elle a ordonné & ordonne ce qui ſuit:

ARTICLE PREMIER.

LE régiment Griſon de Salis, ſera compoſé de deux bataillons, chaque bataillon de neuf compagnies, dont une de Grenadiers & huit de Fuſiliers.

E 1

I I.

Il sera établi dans chacune desdites compagnies un Fourrier, dont les fonctions seront réglées ci-après.

I I I.

Le grade d'Anspessade sera supprimé dans toutes les compagnies, & il sera créé, pour en tenir lieu, des places d'Appointés, dont les fonctions seront aussi réglées ci-après.

I V.

Chaque compagnie de Grenadiers sera, soit en temps de paix, soit en temps de guerre, commandée par un Capitaine, un Lieutenant & un Sous-lieutenant; & composée de deux Sergens, un Fourrier, quatre Caporaux, quatre Appointés, quarante Grenadiers & un Tambour.

Les quatre Caporaux, les quatre Appointés & les quarante Grenadiers seront distribués en quatre escouades de douze hommes chacune, dont un Caporal & un Appointé; la première & la troisième de ces escouades formeront la première division, à laquelle sera attaché le premier Sergent; la seconde & la quatrième escouade formeront la seconde division, à laquelle sera attaché le second Sergent: la première division sera subordonnée au Lieutenant, la seconde au Sous-lieutenant; ces deux Officiers en rendront tous les jours compte au Capitaine qui en répondra au Colonel, & en son absence, au Lieutenant-colonel.

V.

Chacune des compagnies de Fusiliers sera, en tout temps, commandée par un Capitaine, un Lieutenant & un Sous-lieutenant; & composée, en temps de paix, de quatre Sergens, d'un Fourrier, de huit Caporaux, de huit Appointés, quarante Fusiliers & deux Tambours.

Les huit Caporaux, les huit Appointés & les quarante Fusiliers formeront huit escouades de sept hommes chacune, y compris un Caporal & un Appointé; la première & la cinquième escouade formeront une première subdivision, à laquelle sera attaché le premier Sergent; la seconde & la sixième escouade formeront une seconde subdivision, à laquelle sera attaché le second Sergent; la troisième & la septième escouade formeront une troisième subdivision commandée par le troisième Sergent; la quatrième & la huitième escouade formeront la quatrième subdivision, à laquelle sera attaché le quatrième Sergent; les première & troisième subdivisions formeront la première division qui sera subordonnée au Lieutenant; & les seconde & quatrième subdivisions formeront la seconde division que commandera le Sous-lieutenant: ces deux Officiers rendront tous les jours compte de tous les détails qui concerneront leur division au Capitaine, lequel en répondra aux Officiers supérieurs.

En temps de guerre, les compagnies de Fusiliers seront augmentées par un nombre d'hommes réglé dans chaque escouade: le nombre d'Officiers & de Bas-officiers restera tel qu'il est réglé ci-dessus pour le temps de paix.

V I.

L'INTENTION de Sa Majesté étant que les compagnies ne soient composées que d'Officiers & de Soldats effectifs & utiles à son service, les places de Trabans, de Secrétaire, Frater, Vivandier, Prevôt & autres, qui faisoient nombre dans les compagnies, seront supprimées & éteintes.

V I I.

IL sera créé deux places de Sous-aides-major dans ledit régiment, afin qu'il y en ait un par bataillon.

V I I I.

L'INTENTION de Sa Majesté étant que le Major ne soit point distrait des fonctions principales de sa charge, qui consistent dans la police, la discipline, la tenue & les exercices, Elle a réglé qu'il seroit établi dans ce régiment un Trésorier, pour être particulièrement chargé de l'administration des deniers.

I X.

IL sera pareillement établi dans ce régiment, un Quartier-maître, dont les fonctions seront réglées ci-après.

X.

IL sera aussi créé dans ce régiment, un Tambour-major, pour veiller à la discipline prescrite parmi les Tambours.

E 2

X I.

LE grade de Capitaine-lieutenant & celui d'Enseigne, seront supprimés dans toutes les compagnies; & au lieu des Enseignes qui existent actuellement, il sera créé deux places de Porte-drapeaux par bataillon.

X I I.

AU moyen de ce qui est réglé par les articles VII, VIII, IX, X & XI de la présente ordonnance, l'État-major de ce régiment sera composé d'un Colonel, d'un Lieutenant-colonel, d'un Major, d'un Aide-major par bataillon, d'un Sous-aide-major, aussi par bataillon, de deux Porte-drapeaux par bataillon, d'un Quartier-maître, d'un Trésorier, d'un Tambour-major, d'un Aumônier, d'un Ministre & d'un Chirurgien-major.

X I I I.

SA MAJESTÉ considérant que le bien de son service exige que les charges de Lieutenant-colonel & de Major de ce régiment, soient remplies dorénavant par les sujets les plus distingués, tant par leurs services que par leurs talens; & voulant de plus en plus ranimer l'émulation parmi les Officiers, Elle a résolu de s'en réserver la nomination, & de choisir les sujets qui devront les remplir, lorsqu'elles seront vacantes, parmi ceux des Capitaines Grisons qu'Elle jugera devoir obtenir cet avancement.

X I V.

LE Major actuel de ce régiment, continuera de tenir rang parmi les Capitaines, du jour de la commission qui lui a été accordée ; mais lorsque cette charge deviendra vacante, l'Officier qui en sera pourvû prendra rang sur tous les Capitaines dudit régiment : l'intention de Sa Majesté étant que dans la suite la charge de Major soit dans ce régiment, comme dans tous ceux de son Infanterie, un grade supérieur à celui de Capitaine, & que le Major commande le régiment en l'absence du Colonel & du Lieutenant-colonel, &, en leur présence sous leur autorité, & qu'il puisse passer du grade de Major à celui de Lieutenant-colonel ou de Colonel, pour devenir Officier général: Voulant au surplus Sa Majesté que pour tout ce qui concerne les exercices, le Major actuel ait dès-à-préfent, fur les Capitaines, l'autorité dont il a befoin pour remplir fes fonctions.

X V.

LES Aides-major continueront de jouir des prérogatives dont ils jouiffent actuellement, & rempliront les mêmes fonctions.

X V I.

LES Sous-aides-major feront fubordonnés aux Aides-major; ils auront dans le régiment, & dans toute l'Infanterie Suiffe & Grifonne, rang de Lieutenant, du jour de leur brevet; & en conféquence, ils commanderont à tous les Sous-lieutenans & à tous les Lieutenans moins anciens qu'eux.

X V I I.

LES Porte-drapeaux feront toûjours tirés du corps des Sergens, auront rang de derniers Sous-lieutenans, & feront tenus dans tous les temps de porter les drapeaux à pied.

X V I I I.

LE Quartier-maître du régiment, aura rang de Sous-lieutenant, commandera fpécialement tous les Fourriers, & fera chargé du logement, du campement, des diftributions & autres fonctions relatives, fupérieurement à eux.

X I X.

LE Tréforier fera fpécialement chargé de l'adminiftration des deniers du régiment, il fera choifi par les Capitaines, & agréé par le Colonel, qui demandera fon brevet au Colonel général.

X X.

TOUT l'argent de la folde, ou de toute autre partie, qui appartiendra au régiment, fera remis tous les mois au Tréforier, pour être enfermé dans une caiffe dont il aura la régie, fubordonnément au Major.

X X I.

IL y aura toûjours dans la caiffe du régiment, un état des fonds qui y feront mis, & un état de ceux qui en feront tirés, avec les caufes de recette & de dépenfe; ces états feront fignés du Commandant du corps, du Major & du Tréforier; il en sera remis un double au Major, & il en sera envoyé un tous les mois, au Colonel général des Suisses.

X X I I.

LE Tambour-major veillera sur la conduite & la discipline prescrite parmi les Tambours, il aura rang de Sergent, & jouira des mêmes droits & prérogatives que les autres Sergens; il sera proposé par le Major au Colonel, qui le nommera, & sera attaché à la compagnie Colonelle, sans faire nombre dans ladite compagnie.

X X I I I.

LE Chirurgien-major sera tenu, au moyen des appointemens qui lui seront réglés, de traiter les malades dudit régiment, & de leur fournir *gratis* tous les médicamens nécessaires; il sera choisi par les Capitaines, & agréé par le Colonel qui demandera son brevet au Colonel général.

X X I V.

SA MAJESTÉ trouvant convenable au bien de son service, que les places de Sergens & de Caporaux ne soient remplies que par des sujets sages, intelligens, sachant lire & écrire, & qui aient le talent, en instruisant les Soldats, de s'en faire obéir; son intention est qu'il soit fait par le Commandant & le Major de ce régiment, un examen exact des sujets qui remplissent actuellement ces places, & que tous ceux qui ne se trouveront point avoir les qualités prescrites ci-dessus, en soient retirés, savoir, les Sergens pour être renvoyés, & les Caporaux pour entrer dans la classe des Appointés, ainsi qu'il sera dit plus bas: Voulant Sa Majesté que le Commandant & le Major choisissent, pour cette fois seulement, les sujets qui seront les plus propres à les remplacer, ainsi que ceux qui devront occuper les places de Fourriers, que Sa Majesté a jugé à propos de créer dans chaque compagnie.

X X V.

SA MAJESTÉ voulant en même temps expliquer ses intentions sur la manière dont il sera procédé à l'avenir au choix desdits Bas-officiers, Elle a réglé que,

Lorsqu'il vaquera une place de Sergent dans une compagnie, les douze plus anciens Sergens du régiment s'assembleront, avec les Porte-drapeaux, chez le Major, pour choisir parmi tous les Caporaux du régiment, sans avoir aucun égard à l'ancienneté, les trois sujets qu'ils croiront les plus propres à remplir la place vacante; ils les présenteront au Major & au Capitaine de la compagnie dans laquelle la place de Sergent sera vacante, & sur le rapport de ces deux Officiers, le Commandant du régiment nommera celui des trois sujets proposés qui lui paroîtra mériter la préférence.

X X V I.

LORSQU'IL vaquera une place de Fourrier, les douze plus anciens Fourriers s'assembleront, avec le Quartier-maître, chez le Major, pour choisir parmi tous les Caporaux du régiment, les trois sujets qu'ils croiront les plus propres pour remplir la place vacante; ils les présenteront au Major & au Capitaine de la compagnie dans laquelle la place de Fourrier sera vacante, de la même manière qu'il est expliqué dans l'article précédent pour les Sergens.

X X V I I.

PAREILLEMENT, lorsqu'il vaquera une place de Caporal; les huit plus anciens Caporaux & les quatre plus anciens Sergens du régiment, s'assembleront chez le Major, pour choisir parmi tous les Soldats du régiment, trois sujets qu'ils présenteront au Major & au Capitaine de la compagnie dans laquelle la place de Caporal sera vacante, de la même manière qu'il est expliqué dans l'article XXIV de la présente ordonnance.

X X V I I I.

LES Sergens commanderont leur subdivision, la maintiendront en bonne discipline & police, & rendront tous les jours compte aux Officiers, de tous les détails qui les concernent, ainsi qu'il est prescrit par l'article V.

X X I X.

LES Fourriers seront chargés du détail de toutes les subsistances, des distributions, du logement, du campement & de la propreté du quartier & du camp; ils auront rang de derniers Sergens, & seront dispensés de monter la garde en campagne & en garnison.

X X X.

LES Caporaux veilleront fur la difcipline, la police & les exercices de leur efcouade; ils en répondront au Sergent de leur fubdivifion, & fuppléeront aux Sergens qui pourront manquer.

X X X I.

A l'égard des places d'Appointés, elles feront données, quant à préfent, par préférence, aux Caporaux & Anfpeffades réformés, en exécution des articles III & XXIV de la préfente ordonnance; mais à l'avenir ces places d'Appointés appartiendront toûjours de droit aux plus anciens Grenadiers ou Fufiliers de chaque compagnie; ils commanderont l'efcouade dont ils feront partie, au défaut des Caporaux, qui en feront toûjours les chefs.

X X X I I.

LES Capitaines qui ne fervent point eux-mêmes à la tête de leurs compagnies, & auxquels le Roi a permis d'y mettre des Capitaines-commandans, feront tenus de payer ces Capitaines - commandans, fur le pied de deux cents livres par mois en temps de paix, & de deux cents cinquante livres en temps de guerre, & ces appointemens feront prélevés fur ceux du Capitaine.

X X X I I I.

AUCUN Capitaine ne pourra à l'avenir conferver fa compagnie lorfqu'il quittera le fervice; fe réfervant Sa Majefté d'accorder aux Capitaines & aux autres Officiers du régiment, qui, par leur âge, leurs bleffures ou infirmités, fe trouveront dans le cas de ne pouvoir continuer leurs fervices, des penfions proportionnées à leur grade, à l'ancienneté & au mérite de leurs fervices, lefquelles penfions leur feront payées fans aucune retenue, dans le lieu de leur réfidence, en Grifons ou en Suiffe.

X X X I V.

L'AVANCEMENT dans les grades fubalternes fe fera par ancienneté dans tout le régiment, & non par compagnie comme cela s'eft pratiqué jufqu'ici, de forte que lorfqu'il vaquera un emploi de Lieutenant, dans quelque compagnie que ce foit, il fera donné au plus ancien Sous-lieutenant du régiment, fi c'eft un fujet capable & de bonne conduite.

X X X V.

LES Capitaines continueront de propofer au Colonel, & le Colonel au Colonel général, les nouveaux fujets qu'ils croiront propres à remplir les emplois de Sous-lieutenans qui viendront à vaquer dans leur compagnie : Entendant Sa Majefté qu'il ne foit admis auxdits emplois que des fujets nés ou reconnus Grifons; enjoignant Sa Majefté au Colonel général d'y tenir la main avec la plus grande exactitude.

X X X V I.

LE régiment & les compagnies feront à la nomination du Roi, qui en difpofera en faveur de ceux des Officiers Grifons qui en feront jugés les plus capables, & qui fe feront rendus recommandables par leur ancienneté & leurs bons fervices.

X X X V I I.

SA MAJESTÉ confidérant les fervices que certaines familles lui ont rendus depuis long-temps; & voulant avoir égard au zèle qu'elles ont témoigné, en levant des compagnies pour fon fervice, fon intention eft, lorfque ces compagnies vien-dront à vaquer, de n'en difpofer qu'en faveur des defcendans de ces mêmes familles, s'il s'en trouve quelques - uns à fon fervice qui aient l'âge & les qualités requifes pour les com-mander.

Déclarant au furplus Sa Majefté qu'Elle n'accordera, dans aucun cas, les compagnies, foit celles qui font cenfées de famille, foit celles qui ne le font pas, à des enfans en bas âge, ni même à des Officiers qui n'auroient pas plus de cinq années de fervice.

X X X V I I I.

SA MAJESTÉ jugeant à propos de fupprimer dans ledit régiment, le grade de Commandant de bataillon; Elle veut & entend que le Capitaine qui en jouit actuellement, paffe à la première compagnie de Grenadiers; la feconde com-pagnie de Grenadiers du régiment fera commandée par le Capitaine qui a le plus conftamment fervi aux Grenadiers

E ſ

pendant la dernière guerre; & à l'avenir, lorsqu'il vaquera une compagnie de Grenadiers, elle fera toûjours donnée au plus ancien des Capitaines de Fuſiliers, pourvû qu'il ait les qualités requiſes pour cet emploi.

X X X I X.

LES Officiers ſubalternes des compagnies de Grenadiers, feront choiſis parmi les Officiers ſubalternes des compagnies de Fuſiliers, ſans aucun égard à l'ancienneté; & lorſqu'il y aura une place de Lieutenant ou Sous-lieutenant vacante dans leſdites compagnies de Grenadiers, le Colonel propoſera au Colonel général, l'Officier ſubalterne du régiment qu'il jugera le plus capable de la remplir.

X L.

LES Sous-aides-major créés par la préſente ordonnance, feront pris parmi les Sous-lieutenans du régiment les plus capables d'en remplir les fonctions, & propoſés par le Colonel au Colonel général.

X L I.

S'IL y avoit dans ce régiment des Enſeignes Griſons, qui fuſſent dans le cas d'être réformés par la nouvelle compoſition ci-deſſus réglée, le Colonel les propoſera de préférence pour Porte-drapeaux, juſqu'à ce qu'ils puiſſent être remplacés à des emplois de Sous-lieutenans; après quoi les places de Porte-drapeaux ne pourront être remplies que par des Sergens qui auront ſervi au moins ſix ans en cette qualité.

X L I I.

SA MAJESTÉ défend aux Capitaines de ce régiment, d'engager dorénavant aucun de ſes ſujets, ſoit de l'Alſace ou de la Lorraine Allemande: Elle conſent néanmoins que ceux de ſes ſujets qui ſervent actuellement dans les compagnies, y reſtent juſqu'à l'expiration de leur engagement, & juſqu'à ce qu'ils ne redoivent plus rien à leur Capitaine; mais Elle défend abſolument de les rengager, & veut que dans quatre ans, à compter de la date de la préſente ordonnance, il n'y en ait plus, à la réſerve des Sergens, Caporaux & Appointés, qui pourront y reſter juſqu'à ce qu'ils ſoient dans le cas d'obtenir leur retraite à l'Hôtel royal des Invalides.

X L I I I.

`DANS` le nombre des recrues que les Capitaines feront à l'avenir, il leur fera permis de prendre des étrangers, Allemands, Polonois ou Italiens, jufqu'à concurrence du tiers feulement, dont la vérification fera faite fur les contrôles de la compagnie, fignés & certifiés par le Commandant du corps & par le Major, qui feront refponfables, en leur nom, des contraventions qui pourroient fe commettre à cet égard par les Capitaines ; tout ce qui excédera le tiers fera réformé, & l'on fera des retenues pour les hommes qui manqueront à la compagnie, jufqu'à ce que le nombre foit rempli par de véritables Grifons ou Suiffes, dont il fera fourni à mefure des contrôles certifiés au Commiffaire du département; l'intention de Sa Majefté étant qu'à l'avenir toutes les compagnies foient compofées de deux tiers au moins de Grifons ou Suiffes.

Le Major adreffera tous les fix mois au Colonel général un double figné de lui, des contrôles de chaque compagnie.

X L I V.

`LES` Soldats qui monteront aux haute-payes ne feront point tenus, comme par le paffé, de fervir trois ans au de-là du terme de leur engagement; l'intention de Sa Majefté étant que le congé abfolu foit régulièrement donné chaque année aux Soldats, dont l'engagement fera expiré, lorfqu'ils le demanderont.

X L V.

`ENTEND` cependant Sa Majefté qu'il ne foit délivré aucun congé abfolu depuis le 1.er Avril de chaque année, jufqu'au 1.er du mois de Novembre, & que dans le refte de l'année le congé foit expédié, fans difficulté, à tous les Soldats qui le demanderont, & dont le terme de l'engagement fera expiré, pourvû qu'ils ne doivent rien à leur Capitaine : ces congés feront fignés par le Capitaine, le Commandant du corps & le Major, & il en fera dreffé à mefure un état que le Major certifiera & qu'il adreffera à la fin de chaque année au Colonel général.

E 6

X L V I.

LA retenue des quatre deniers pour livre, continuera d'avoir lieu fur tout ce qui fe payera audit régiment, fuivant l'ufage obfervé pour toutes les Troupes de Sa Majefté, & en conféquence le produit du quatrième denier fera remis à la caiffe de cette partie; au moyen de quoi le régiment continuera de participer, lorfque Sa Majefté le jugera à propos, aux gratifications qu'Elle veut bien accorder fur cet objet.

X L V I I.

A l'égard du produit de la retenue des trois deniers pour livre affectés aux Invalides, il fera employé au payement des penfions que Sa Majefté accordera aux Bas-officiers & Soldats Grifons ou Suiffes dudit régiment, foit Catholiques, foit Proteftans, qui, par l'ancienneté de leurs fervices ou par leurs bleffures & infirmités, fe trouveront dans le cas de mériter leur retraite à l'Hôtel royal des Invalides.

X L V I I I.

SA MAJESTÉ ayant jugé à propos de fixer lefdites penfions fur le pied,

S A V O I R;

Deux cents quarante livres au Quartier-maître, ou à chaque Porte-drapeau eftropié au fervice & hors d'état de le continuer.

Deux cents livres lorfqu'il aura feulement l'ancienneté de fervice requife pour cette grace.

Deux cents livres à chaque Sergent ou Fourrier eftropié au fervice & hors d'état de le continuer.

Cent cinquante livres lorfqu'il aura l'ancienneté de fervice feulement.

Cent cinquante livres à chaque Caporal ou Appointé eftropié au fervice & hors d'état de le continuer.

Cent vingt livres lorfqu'il aura l'ancienneté de fervice feulement.

Cent vingt livres à chaque Soldat eftropié au fervice & hors d'état de le continuer.

Cent livres lorfqu'il aura l'ancienneté feulement.

Elle veut & entend que ces penfions foient payées auxdits Bas-officiers & Soldats Grifons ou Suiffes, chaque année,

fans aucune retenue, & argent de France, par fon Ambaf-
fadeur en Suiffe, dans le lieu de la réfidence de chaque Bas-
officier & Soldat, fur le certificat de vie, en bonne forme,
du Penfionnaire, après qu'il aura juftifié de fes fervices & de
fon admiffion à la penfion par un certificat du Colonel
général, qui fera enregiftré fur un regiftre que l'Ambaffa-
deur fera dreffer à cet effet.

X L I X.

VEUT auffi Sa Majefté qu'il foit donné à fes frais, tous
les *huit* ans, à chaque Bas-officier ou Soldat invalide un habit,
vefte & culotte de l'uniforme du régiment; & le Miniftre
de Sa Majefté en Suiffe, fera chargé de leur faire tenir
cet habillement, ainfi que leur penfion, dans le lieu de leur
réfidence en Suiffe.

Entend Sa Majefté que ceux defdits Bas-officiers & Soldats,
qui, pour des raifons particulières, ne pourroient point de-
meurer chez eux, aient la liberté de choifir une réfidence
dans le royaume pour y jouir des mêmes avantages.

L.

LORSQU'UN Soldat dudit régiment, ayant obtenu fon
congé abfolu avant le temps prefcrit pour obtenir la penfion
d'Invalide, laiffera écouler plus de quinze jours fans fe rengager, fes fervices précédens ne lui feront point comptés,
& il ne les datera, pour mériter les Invalides, que du jour
de fon dernier engagement.

L I.

SA MAJESTÉ ayant jugé à propos de régler aux Officiers,
Bas-officiers & Soldats une paye de paix & une paye de
guerre; Elle veut & entend que les appointemens & folde
foient payés audit régiment, ainfi qu'il fuit:

Compagnies de Grenadiers.

Chaque place de Sergent, Fourrier, Caporal, Appointé, Grenadier
& Tambour, fera payée au Capitaine fur le pied de vingt-une livres
par mois en temps de paix, & de vingt-cinq livres dix fols en temps
de guerre.

Les Officiers recevront pour leurs appointemens par mois,

Le Capitaine, trois cents cinquante livres en temps de paix, & quatre cents cinquante livres en temps de guerre.

Le Lieutenant, cent trente livres en temps de paix, & cent cinquante livres en temps de guerre.

Le Sous-lieutenant, cent livres en temps de paix, & cent vingt livres en temps de guerre.

Compagnies de Fusiliers.

Chaque place de Sergent, Fourrier, Caporal, Appointé, Fusilier & Tambour, sera payée au Capitaine sur le pied de vingt livres par mois en temps de paix, & de vingt-quatre livres en temps de guerre.

Les Officiers recevront pour leurs appointemens par mois,

S A V O I R;

Le Capitaine, trois cents livres en temps de paix, & quatre cents livres en temps de guerre.

Le Lieutenant, cent vingt livres en temps de paix, & cent quarante livres en temps de guerre.

Le Sous-lieutenant, quatre-vingt-seize livres en temps de paix, & cent dix livres en temps de guerre.

État - major.

Les Officiers de l'État - major recevront pour leurs appointemens, par mois,

S A V O I R;

Le Colonel, indépendamment de ses appointemens de Capitaine, mille livres en temps de paix, & quinze cents livres en temps de guerre.

Le Lieutenant-colonel, indépendamment de ses appointemens de Capitaine, deux cents cinquante livres en temps de paix, & trois cents livres en temps de guerre.

Le Major, quatre cents cinquante livres en temps de paix, & cinq cents cinquante livres en temps de guerre.

Chaque Aide-major, cent trente livres en temps de paix, & cent soixante livres en temps de guerre.

Chaque Sous-aide-major, cent livres en temps de paix, & cent trente livres en temps de guerre.

Chaque Porte-drapeau, cinquante livres en temps de paix, & soixante livres en temps de guerre.

Le Quartier-maître, soixante livres en temps de paix, & quatre-vingts livres en temps de guerre.

Le Tambour-major, cinquante livres en temps de paix, & soixante livres en temps de guerre.

L'Aumônier & le Ministre, chacun cent livres en temps de paix, & cent vingt livres en temps de guerre.

Le Tréforier, cent quarante livres en temps de paix, & cent quatre-vingts livres en temps de guerre.

Le Chirurgien-major, cent quatre-vingts livres en temps de paix, & deux cents cinquante livres en temps de guerre.

Voulant Sa Majesté que la paye de guerre soit donnée à ce régiment, à compter du jour qu'il aura été averti de se tenir prêt pour marcher en campagne, & qu'elle cesse de lui être payée du jour de son arrivée dans la ville du royaume qui lui aura été assignée pour garnison, après la paix, ou à son retour de l'armée.

L I I.

OUTRE le traitement ci-dessus réglé pour les compagnies de Grenadiers, Sa Majesté fera payer à chaque Capitaine de Grenadiers, la somme de mille livres par an en temps de paix, & celle de quinze cents livres en temps de guerre, pour le remplacement des Grenadiers qui manqueront dans sa compagnie, & pour les rengagemens qu'il fera; au moyen de quoi il sera obligé de payer pour chaque homme qu'il tirera des compagnies de Fusiliers, cent livres au Capitaine en temps de paix, & cent vingt livres en temps de guerre, & de rembourser audit Capitaine ce que son Soldat pourroit lui devoir.

L I I I.

AU lieu de l'argent de recrues, de route & d'indemnité sur la perte des espèces en Suisse, Sa Majesté fera payer aux Capitaines de Fusiliers pour chaque homme de recrue, qui sera véritablement Grison ou Suisse, & qui aura passé trois mois au corps suivant les revûes, cent vingt livres en temps de paix, & cent cinquante livres en temps de guerre; & pour chaque Étranger, qui aura également paſſé trois mois au corps, trente livres en temps de paix, & cinquante livres en temps de guerre.

Sa Majeſté fera payer en outre au Capitaine de Fuſiliers la ſomme de mille livres par an, en tout temps, pour frais de rengagemens, & pour dédommagement des pertes acci-dentelles.

L I V.

L'AUGMENTATION d'hommes que Sa Majeſté jugera à propos de règler par eſcouade, pour le temps de guerre, ſe fera dans un eſpace de deux, de trois ou de quatre mois, ſelon la force de l'augmentation & l'éloignement où le régi-ment ſe trouvera de la Suiſſe; & Sa Majeſté, pour donner aux Capitaines la facilité de faire cette augmentation, leur fera l'avance ci-deſſus réglée pour le temps de guerre, pour chacun des hommes que le Capitaine aura à mettre de plus dans ſa compagnie, ſur le pied de deux tiers de Griſons ou Suiſſes, & d'un tiers d'Étrangers; & ſi le Capitaine ne ſe trouve pas complet à l'expiration du terme fixé, il lui fera fait ſur ſes appointemens une retenue de cent cinquante livres pour chaque homme qui lui manquera.

L V.

SA MAJESTÉ veut bien auſſi accorder aux Capitaines qui ſe trouveront complets à l'expiration du terme fixé pour l'augmentation en temps de guerre, la paye des hommes d'augmentation pendant toute la durée dudit terme; & lorſque Sa Majeſté jugera à propos de réduire les compagnies au nombre fixé pour le temps de paix, Elle fera expédier des routes aux Soldats qui ſeront réformés, pour être conduits par étape juſqu'à la frontière de la Suiſſe; après quoi Elle fera payer auxdits Soldats réformés, les frais de conduite dans leur pays, à raiſon de quatre ſols par lieue.

L V I.

SOLDE des Bas-officiers de Grenadiers & des Grenadiers.

AU moyen des vingt-une livres en temps de paix, & des vingt-cinq livres dix ſols en temps de guerre, que Sa Majeſté payera pour chaque Bas-officier de Grenadiers & pour chaque Grenadier, le Capitaine fera obligé de donner par mois,

S A V O I R ;

Au premier Sergent de fa compagnie, quarante - deux livres en temps de paix, & quarante-neuf livres dix fols en temps de guerre.

Au fecond Sergent, trente-fix livres en temps de paix, & quarante-deux livres en temps de guerre.

Au Fourrier, vingt-cinq livres dix fols en temps de paix, & vingt-huit livres dix fols en temps de guerre.

A chacun des quatre Caporaux, dix-neuf livres dix fols en temps de paix, & vingt-deux livres dix fols en temps de guerre.

A chacun des quatre Appointés, dix-huit livres en temps de paix, & vingt-une livres en temps de guerre.

A chaque Grenadier & au Tambour, feize livres dix fols en temps de paix, & dix-neuf livres dix fols en temps de guerre.

Solde des Bas-officiers de Fufiliers & des Fufiliers.

Au moyen des vingt livres en temps de paix & des vingt-quatre livres en temps de guerre, que Sa Majefté payera pour chaque Bas-officier de Fufiliers & pour chaque Fufilier, le Capitaine fera obligé de donner par mois,

S A V O I R ;

Au premier Sergent de fa compagnie, quarante livres en temps de paix, & quarante-huit livres en temps de guerre.

Au deuxième Sergent, trente - quatre livres en temps de paix, & quarante livres en temps de guerre.

Au troifième Sergent, trente livres en temps de paix, & trente-cinq livres en temps de guerre.

Au quatrième Sergent, vingt-fix livres en temps de paix, & trente livres en temps de guerre.

Au Fourrier, vingt-quatre livres en temps de paix, & vingt - fept livres en temps de guerre.

A chacun des quatre premiers Caporaux, dix-huit livres en temps de paix, & vingt-une livres en temps de guerre.

A chacun des quatre derniers Caporaux, dix-fept livres en temps de paix, & vingt livres en temps de guerre.

A chacun des huit Appointés, seize livres dix sols en temps de paix, & dix-neuf livres dix sols en temps de guerre.

A chacun des deux Tambours, seize livres dix sols en temps de paix, & dix-neuf livres dix sols en temps de guerre.

A chaque Fusilier, quinze livres en temps de paix, & dix-huit livres en temps de guerre.

L V I I.

Le Capitaine sera de plus obligé d'armer à ses dépens les Bas-officiers & Soldats de sa compagnie, & de supporter seul tous frais de compagnie.

Prêt des Grenadiers.

Le prêt du premier Sergent de chaque compagnie de Grenadiers, sera de vingt sols par jour en temps de paix, & de vingt-quatre sols en temps de guerre.

Celui du second Sergent, de dix-huit sols en temps de paix, & de vingt sols en temps de guerre.

Celui du Fourrier, de quatorze sols en temps de paix, & de quinze sols en temps de guerre.

Celui des Caporaux, de neuf sols en temps de paix, & de dix sols en temps de guerre.

Celui des Appointés, de huit sols en temps de paix, & de neuf sols en temps de guerre.

Celui des Grenadiers & du Tambour, de sept sols en temps de paix, & de huit sols en temps de guerre.

Prêt des Fusiliers.

Le prêt du premier Sergent de chaque compagnie de Fusiliers, sera de dix-huit sols par jour en temps de paix, & de vingt sols en temps de guerre.

Celui du second Sergent, de seize sols en temps de paix, & de dix-huit sols en temps de guerre.

Celui du troisième Sergent, de quatorze sols en temps de paix, & de quinze sols en temps de guerre.

Celui du quatrième Sergent, de douze sols en temps de paix, & de quatorze sols en temps de guerre.

Celui du Fourrier, de onze sols en temps de paix, & de douze sols en temps de guerre.

Celui des quatre premiers Caporaux, de huit fols en temps de paix, & de neuf fols en temps de guerre.

Celui des quatre derniers Caporaux, de fept fols fix deniers en temps de paix, & de huit fols fix deniers en temps de guerre.

Celui des huit Appointés, de fept fols en temps de paix, & de huit fols en temps de guerre.

Celui des Fufiliers & des deux Tambours, de fix fols fix deniers en temps de paix, & de fept fols fix deniers en temps de guerre.

L V I I I.

LE prêt tel qu'il eft ci-deffus réglé, fera délivré par le Tréforier particulier du régiment, au Major ou aux Aides-major, fans aucune retenue de telle efpèce que ce puiffe être, & le Major ou les Aides-major le diftribueront de même aux Bas-officiers & Soldats dans chaque compagnie.

Le reftant de la folde réglée par l'article LVI aux Bas-officiers & Soldats, tant des compagnies de Fufiliers que de celles de Grenadiers, fera employé par le Capitaine à leur habillement & à leur entretien, & ledit Capitaine leur fera le décompte du furplus, s'il y en a.

L I X.

LES Capitaines & autres Officiers dudit régiment, jouiront de leurs appointemens en entier, à la feule retenue des quatre deniers pour livre ; les Bas-officiers & Soldats ne fupporteront de même que la feule retenue des quatre deniers pour livre, laquelle fera faite fur la totalité de leur folde.

L X.

AU moyen du traitement réglé à ce régiment par la préfente ordonnance, tout autre traitement de telle efpèce qu'il foit n'aura plus lieu, & les franchifes & exemptions dont jouit ledit régiment pour les vins, bière, eau-de-vie, viande & autres denrées de fa confommation, feront fupprimées & éteintes; fe réfervant Sa Majefté de régler tout ce qui fera fourni audit régiment en pain, viande & fourrage lorfqu'il fervira en campagne, ainfi que l'étape qui lui fera fournie lorfqu'il marchera dans le royaume.

L X I.

LE Commiffaire chargé de la police de ce régiment, en

fera à la fin de chaque mois une revûe exacte, pour servir au payement de sa subsistance : il dressera des extraits de cette revûe, dans laquelle il ne comprendra que les effectifs ; il y joindra un état exact du produit du non-complet, & répondra en son propre & privé nom, des infidélités & des contraventions qui pourroient se commettre dans ses revûes ; ledit Commissaire enverra un double de ces extraits au Secrétaire d'État ayant le département de la guerre, & un autre au Trésorier général.

L X I I.

SA MAJESTÉ jugeant à propos de changer l'uniforme de ce régiment, Elle a réglé la manière dont il sera habillé à l'avenir, suivant l'état annexé à la présente ordonnance : Enjoignant Sa Majesté au Colonel dudit régiment, de le faire exécuter en tout point ; lui défendant d'y souffrir aucun changement sans une permission expresse & par écrit du Colonel général, d'après les ordres de Sa Majesté, sous peine de desobéissance, & de payer sur ses appointemens la dépense qu'auroient occasionné les changemens par lui ordonnés.

L X I I I.

L'INSPECTEUR général des Suisses procédera, conjointement avec le Colonel de ce régiment, à la nouvelle formation prescrite par la présente ordonnance, sur les instructions particulières qui lui seront données par le Colonel général, d'après les ordres de Sa Majesté ; & le traitement réglé pour ce régiment, commencera du jour que sa composition aura été fixée, ce qui sera constaté par le procès-verbal du Commissaire des guerres chargé de la police dudit régiment, qui sera présent à l'exécution de la présente ordonnance.

L X I V.

SI par la nouvelle composition il y avoit des demi-compagnies qui fussent dans le cas d'être réformées, Sa Majesté réglera les dédommagemens que les Capitaines titulaires seront dans le cas de mériter, relativement à leurs services ou à la nature de leurs demi-compagnies.

L X V.

SA MAJESTÉ fera payer aux Enseignes Grisons ou Suisses,

qui feront dans le cas d'être réformés, & qui ne pourront être placés aux emplois de Porte - drapeaux, la moitié des appointemens dont ils jouiffent actuellement fur le pied de paix, jufqu'à ce qu'ils puiffent être remplacés à des emplois de Sous-lieutenans dans ce régiment, ou qu'ils foient employés ailleurs; permettant Sa Majefté auxdits Enfeignes de fe retirer, en attendant, où bon leur femblera.

L X V I.

LE congé abfolu fera délivré aux Soldats qui feront dans le cas d'être réformés; il leur fera accordé des routes pour être conduits par étape jufqu'à la frontière de la Suiffe, & Sa Majefté leur fera payer enfuite les frais de conduite dans leur pays, à raifon de quatre fols par lieue.

L X V I I.

VEUT au furplus Sa Majefté que ce régiment continue de jouir des priviléges & des différentes prérogatives qui lui ont été accordées précédemment, en tout ce qui ne fera pas contraire à la préfente ordonnance. Mandant Sa Majefté au fieur Duc de Choifeul, Colonel général des Suiffes, de tenir la main à fon exécution.

MANDE & ordonne Sa Majefté aux Officiers généraux ayant commandement fur fes Troupes, aux Gouverneurs & Lieutenans généraux de fes provinces, aux Commandans dans fes villes & places, à l'Infpecteur général des Suiffes & Grifons, aux Intendans dans fes provinces, fur fes frontières & dans fes armées, aux Commiffaires des guerres, & à tous autres fes Officiers qu'il appartiendra, de tenir la main à l'exécution de la préfente ordonnance. FAIT à Verfailles le premier mars mil fept cent foixante - trois. *Signé* LOUIS. *Et plus bas,* LE DUC DE CHOISEUL.

ÉTIENNE-FRANÇOIS DE CHOISEUL,

Duc de STAINVILLE, Pair de France, Chevalier des Ordres du Roi & de la Toison d'or, Lieutenant général des Armées du Roi, Colonel général des Suisses & Grisons, Gouverneur & Lieutenant général de la province de Touraine, Gouverneur & grand Bailli du pays de Vosges & de Mirecourt, Ministre & Secrétaire d'État ayant les départemens de la Guerre & de la Marine, & la correspondance avec les Cours d'Espagne & de Portugal, Grand-maître & Surintendant des Courriers, Postes & relais de France.

VÛ par nous l'ordonnance du Roi, donnée à Versailles le 1.ᵉʳ mars 1763, signée Louis, & plus bas, le Duc de Choiseul, & à nous adressée pour tenir la main à son exécution; par laquelle Sa Majesté, pour les causes y contenues, auroit jugé à propos de changer la composition & le traitement du régiment Grison de Salis, qu'Elle entretient à son service :

Nous, en vertu du pouvoir à nous accordé par Sa Majesté, à cause de notredite charge de Colonel général des Suisses & Grisons, Mandons au sieur de Salis, Colonel dudit régiment, & à tous autres qu'il appartiendra, de se conformer à ladite ordonnance : En témoin de quoi nous avons fait expédier la présente, que nous avons signée de notre main, fait sceller du sceau de nos armes, & contre-signer par le Secrétaire général des Suisses & Grisons. A Versailles le deux mars mil sept cent soixante-trois. *Signé* LE DUC DE CHOISEUL. *Et plus bas,* par Monseigneur, THIBAULT DUBOIS.

ÉTAT arrêté par le Roi, de l'Uniforme que Sa Majesté a réglé pour l'habillement du régiment Grison de Salis.

Habit rouge, paremens, colet & revers bleu, doublure blanche, veste & culotte de drap blanc, col rouge, poches en ~~travers~~ *long* garnies de trois boutons, trois petits sur le parement, sept petits sur les revers, trois gros au-dessous, les boutons blancs, unis, collés & mastiqués sur bois.

Chapeau des Officiers & Bas-officiers bordé d'argent, & celui des Soldats & Tambours en fil blanc.

L'habit du Tambour-major & des Tambours, à la livrée du Colonel, c'est-à-dire en vert, avec les paremens & revers jaunes, galonné avec des galons de livrée; veste & culotte de drap blanc, comme celles des Soldats, la coupe de l'habit & des revers, ainsi que la position des boutons, semblables à celles des habits des Soldats.

Le COLONEL portera une épaulette de chaque côté, en argent, ornée de frange riche, à nœuds de cordelières.

Le LIEUTENANT-COLONEL portera à gauche une seule épaulette de même, garnie de frange, comme celles du Colonel.

Le MAJOR portera une épaulette de chaque côté, en argent, ornée de frange seulement, sans graine d'épinars ou nœuds de cordelières.

Le CAPITAINE, & l'AIDE-MAJOR qui aura commission de Capitaine, porteront à gauche une épaulette en argent, ornée de frange seulement, comme celles du Major.

Le LIEUTENANT portera à gauche une épaulette fond argent, losangée de carreaux de soie bleue, la frange sera mêlée d'argent & de soie.

Le SOUS-LIEUTENANT portera l'épaulette à fond de soie bleue, avec des carreaux d'argent, & la frange mêlée d'argent & de soie.

Le PORTE-DRAPEAU portera l'épaulette à fond de soie bleue, liserée d'argent.

FAIT à Versailles le premier mars mil sept cent soixante-trois. *Signé* LOUIS. *Et plus bas,* LE DUC DE CHOISEUL.

A PARIS, DE L'IMPRIMERIE ROYALE. 1763.